Katherine
Pancol

Jérôme
Pélissier

L'Accordéon, marchand de bonheur

hachette
JEUNESSE

Tous les soirs, sur la péniche du quai de la tour Eiffel,
on danse au son de l'accordéon. C'est un drôle d'instrument !
On le plie, on le déplie, l'air entre et sort.
On appuie sur les touches et ça fait de la musique.
Zzzoin, zzzoin, zzzoin !
Les danseurs virevoltent, c'est la java.
Et le premier à faire la fiesta, c'est l'accordéon, jamais flagada.

Trouve un intrus bizarre dans chaque page !

Ce soir, sur la piste, l'accordéon gigote entre les bras
de Paloma qui flamboie dans sa robe à petits pois.
« On joue *La Valse des amoureux* ? il demande.

– Ah ! non…

– Ah ! si ! dit l'accordéon. Regarde qui est là, au premier rang !

– Rico ! Il est revenu !

– Tralala ! Moi, je sais pourquoi… »

Et l'accordéon se met à jouer.

Sous le ciel de Paris, chantent les oiseaux bleus…

Tout le monde danse…

… et sur la piste, les pigeons se pavanent et s'ébouriffent tif tif,
les souris frétillent tille tille et les canards se dandinent ding ding.
Un seul fait la tête, au fond de son tonneau :
Platon, le crapaud bougon qui porte un lorgnon.
Il n'arrête pas de se plaindre :
« Cessez cette cacophonie ! Je réfléchis, moi !
– Tant pis pour lui ! cancanent les canetons fripons.
La vie est belle ! Valsons. »

« Regarde Rico ! dit l'accordéon à Paloma, il est tout seul ! Il t'attend.

– Tu crois qu'il est venu pour moi ?

– Mais oui… Il est timide, c'est tout. Il n'ose pas te le dire.

– Je voudrais tellement qu'il m'invite à danser !

– Tu vas voir, ça va s'arranger. Fais-moi confiance, je chante le bonheur,
j'ai envie que le soleil brille dans le ciel et dans ton cœur. »

Mais le soleil n'est pas d'accord…

… Il se cache. Le ciel s'assombrit. Il envoie des éclairs,
des coups de tonnerre, il éteint les réverbères.
La péniche se détache du quai et s'éloigne.
Elle tangue comme un bouchon sur l'eau.
« J'ai le mal de mer ! » gémit le capitaine en devenant tout vert.

Le vent souffle, les pots de fleurs tombent, les chapeaux s'envolent.

C'est la panique. Les danseurs courent dans tous les sens.

« Ils vont nous faire chavirer ! s'exclame l'accordéon.

– Et on va tomber à l'eau ! » dit Paloma.

« J'ai une idée, s'écrie l'accordéon,

je vais leur jouer une romance qui les apaisera. »

Il gonfle son soufflet et lance des notes douces et feutrées.

Dans le ciel monte une valse lente, rassurante.

Les danseurs se prennent dans les bras et dansent deux par deux.

Les petits canards s'alignent dare-dare.
Les pigeons se mettent en rangs d'oignons
et les souris reprennent en chœur le refrain de l'accordéon.

On dirait que le ciel entend la chanson.

Le vent s'apaise, le tonnerre se tait, les éclairs s'éteignent.

La musique a tout enchanté.

Le capitaine, redevenu rose et frais, bombe le torse

et ramène la péniche sur le quai.

Le calme est revenu. L'accordéon se penche vers Paloma.
« Regarde Rico, il est ENCORE tout seul…
Décidément, il t'attend ! Va lui parler.
– Je n'oserai jamais !
– Laisse-moi faire. Je suis l'ambassadeur des cœurs, moi ! »
L'accordéon se déploie largement et joue… une polka.

Rico est ravi. La chanson de l'accordéon
lui chatouille les talons.
Il a envie de danser, danser.

Le bateau est arrivé à quai. Les passagers descendent.
Qui va-t-il inviter ?
L'accordéon s'en donne à cœur joie.
Il pousse Paloma en avant pour que Rico la voie.
Ça y est ! Rico l'aperçoit. Il tend la main vers elle.
« Youpiiiiii ! » crient les cannetons qui se dandinent.

Mais… oh là là ! Rico est trop pressé.
Il glisse sur le pont mouillé et s'emmêle les pieds,
se rattrape au tonneau qu'il fait verser.
Platon, le crapaud, jaillit, très énervé.
« C'est le pompon ! On me dérange alors que je pense !
Passez votre chemin, petit écervelé ! »
Paloma, toute émue, vole au secours de Rico
qui lui tombe dans les bras.

Au milieu de la piste, Rico et Paloma dans sa robe à petits pois
se regardent en souriant.
« Alors je la joue cette *Valse des amoureux* ? » dit l'accordéon.
Paloma rougit et murmure que oui.

L'accordéon rit aux éclats. Il a réussi !
Le soleil brille dans le ciel et dans le cœur de son amie.

Où était caché l'intrus ?